WITHDRAWN

cocina**fácil**internacional

Pescados
y mariscos

D1354849

cocina**fácil**internacional

Pescados y mariscos

CONTENIDO

TÉCNICAS 6

RECETAS 18

Sardinas al horno al estilo mediterráneo 18

Bacalao rebozado con papas fritas 20

Guiso de mariscos con tomate 22

Abadejo Mornay 24

Guiso de pescado y coco 26

Trucha al horno con almendras 28

Raya con *beurre noisette* 30

Pastelitos de cangrejo tailandeses 32

Pastel del pescador 34

Platija al horno con tocineta 36

Salmón al horno con salsa de pepino al eneldo 38

Brochetas de pez espada con salsa de rúgula 40

Salmón en hojaldre 42

Bacalao con salsa de tomate 44

Sardinas en hojas de parra 46

Caballa con ensalada de pepino 48

Rape con mejillones y tocineta 50

Bacalao a la cazuela 52

Salmón en *papillote* 54

Marmitako 56

Lubina oriental al vapor 58

Atún a la plancha con pepino e hinojo 60

Pez espada al horno con finas hierbas 62

Langostinos con ají y queso 64

Bogavante Thermidor 66

Gambas a la diabla 68

Mejillones a la marinera 70

Calamares fritos con páprika picante 72

Conchas de vieira gratinadas 74

Mejillones con tomate y ají 76

Ostras Rockefeller 78

Alioli exprés 80

Salsa tártara 82

Beurre blanc 84

Salsa verde 86

Chimichurri 88

Bechamel 90

Rouille 92

GLOSARIO DE TÉRMINOS Y EQUIVALENCIAS 94

ÍNDICE 95

AGRADECIMIENTOS 96

Clave de símbolos

Las recetas de este libro están acompañadas por símbolos que indican información importante.

 Informa el número de comensales para los que está pensada la receta, o la cantidad.

 Indica el tiempo necesario para preparar y cocinar un plato. Junto a este símbolo se indica si es necesario tiempo adicional para operaciones como marinar, reposar, dejar que suba una masa o enfriar. Deberá leer la receta para saber exactamente cuánto tiempo más se necesita.

 Avisa lo que hay que hacer antes de comenzar a cocinar la receta, o partes de la misma que requieran un tiempo prolongado.

 Indica la necesidad de utensilios especiales. Siempre que sea posible, se ofrecen alternativas.

 Introduce información sobre congelación.

Técnicas

Eviscerar el pescado

Se puede eviscerar el pescado por el vientre (para rellenar o filetear) o por las agallas (para hervirlo entero o en rodajas).

Por el vientre

1 Sobre una superficie de trabajo limpia, sujete el pescado firmemente de lado y haga un corte superficial en el vientre, de la cola a la cabeza. Puede hacerlo con un cuchillo de pescadería, un cuchillo puntilla o unas tijeras.

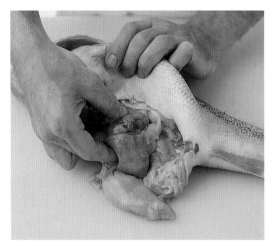

2 Quite las vísceras con la mano y corte las agallas con cuidado, pues suelen ser muy afiladas.

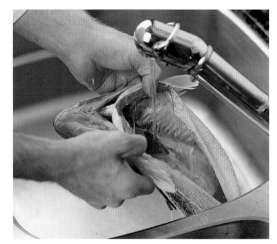

3 Lave toda la cavidad con agua fría para limpiar los restos de sangre y vísceras. Seque el pescado con papel de cocina. A continuación, puede escamar el pescado y cortar las aletas.

Por las agallas

1 Introduzca con cuidado el dedo índice bajo las agallas para levantarlas desde la base de la cabeza. Córtelas con unas tijeras afiladas o un cuchillo de pescadería y deséchelas.

2 Meta los dedos en la abertura de las agallas y tire de las vísceras.

3 Con unas tijeras, haga un corte en el orificio anal, en la parte ventral trasera, y extraiga con los dedos las vísceras que queden. Lávelo bajo un chorro de agua fría. Escame el pescado y córtele las aletas.

Escamar y cortar las aletas

Si desea servir el pescado con la piel, debe escamarlo con un cuchillo de cocina o un escamador.

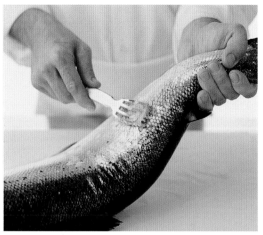

1 Coloque el pescado sobre una superficie limpia. Sujételo por la cola y escámelo pasando un cuchillo o un escamador de la cola a la cabeza.

2 Recorte las aletas dorsales, pectorales y ventrales con unas tijeras de cocina.

Filetear y quitar la piel del pescado

No es necesario escamar el pescado si va a quitar la piel de los lomos o filetes.

1 Eviscere el pescado por el vientre. Corte la cabeza en diagonal, detrás de las agallas, hasta llegar a la espina. Corte a lo largo de la espina hasta llegar a la cola, dele la vuelta y repita el corte por el otro lado.

2 Ponga el filete con el lado de la piel hacia abajo. Inserte el cuchillo en la carne cerca de la cola y, con la hoja inclinada, deslícelo entre la carne y la piel, mientras tira de esta con la otra mano.

Quitar la espina a un pescado plano

Entre las especies más populares de pescado plano están la platija, el lenguado y el rodaballo.

1 Coloque el pescado con la piel oscura hacia arriba. Corte a lo largo de la espina, de la cabeza a la cola, y después cada mitad de la carne hacia fuera hasta hacer dos filetes y dejar la espina al descubierto.

2 Despegue la espina de la carne por los extremos (cabeza y cola) con unas tijeras de cocina y luego córtela por la mitad. Levante los dos trozos de la espina y retírelos cuidando de que no queden restos.

Quitar la espina a un pescado no plano

Una vez eviscerado, escamado y recortadas las aletas, se puede quitar la espina a un pescado por el vientre para luego rellenarlo.

1 Abra el pescado con una incisión de la cola a la cabeza. Despegue las espinas laterales de la parte superior con un cuchillo y dé la vuelta al pescado para repetir por el otro lado.

2 Con las tijeras, corte la espina dorsal a la altura de la cabeza y de la cola. Extraiga la espina empezando por la cola y deséchela. Asegúrese de que no quedan otras espinas en la carne.

Extraer la carne de un cangrejo

En las fotos se muestra un buey de mar europeo común, pero el buey del Pacífico se prepara de la misma manera.

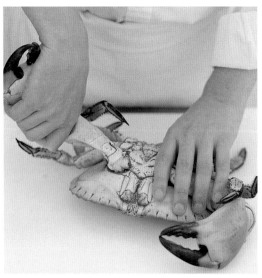

1 Ponga el cangrejo boca arriba sobre la tabla de cortar y retuerza con fuerza las pinzas y patas para separarlas del cuerpo.

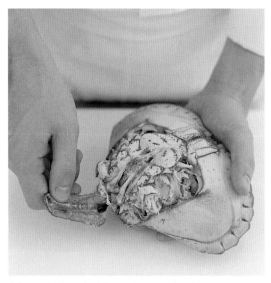

2 Levante la cola triangular por el extremo y retuérzala hasta arrancarla. Deséchela.

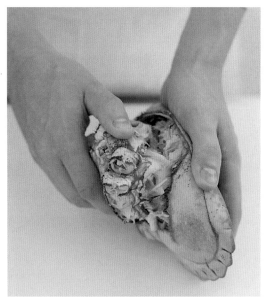

3 Rompa la parte central del caparazón y ábrala. Extraiga la carne blanca con una cucharilla o un tenedor.

4 Retire con los dedos las agallas de ambos lados de la parte central del cuerpo y deséchelas. Quite los intestinos del caparazón o del cuerpo y deséchelos.

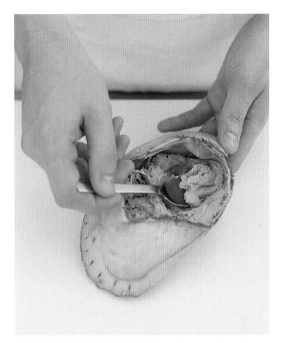

5 Rompa o corte la parte central del cuerpo en piezas grandes. Extraiga la carne blanca con una pinza para langostas o un pincho y póngala aparte, en un bol. Quite y deseche los restos de membrana que queden.

6 Extraiga la carne marrón con una cuchara y guárdela con la carne blanca (el buey del Pacífico no contiene carne marrón). Deseche la parte de la cabeza. Si hay huevas, sáquelas con la cuchara y resérvelas.

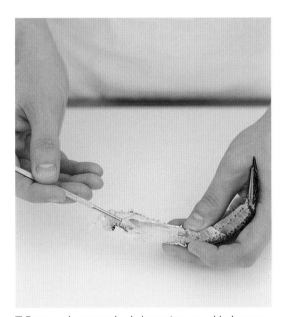

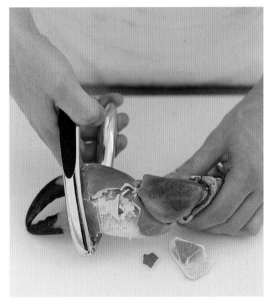

7 Rompa el caparazón de las patas con el lado romo de un cuchillo pesado. Saque la carne con unas pinzas para langosta. Resérvela con la carne blanca.

8 Rompa las pinzas con unas tenazas o un cascanueces. Extraiga la carne blanca y deseche los restos de membrana.

Preparar mejillones

Hay que limpiar y desbarbar los mejillones antes de cocinarlos.

1 Limpie los mejillones bajo un chorro de agua fría. Quite la arena y las lapas de las conchas con un cuchillo pequeño y afilado. Deseche los que estén abiertos.

2 Para quitar las barbas, estire del filamento oscuro con los dedos. Deséchelo.

Abrir vieiras

Las vieiras se pueden comprar limpias o en su concha.

1 Inserte un cuchillo flexible y afilado entre las valvas, cerca de la valva superior para no dañar la carne. Deslícelo para cortar el músculo.

2 Deslice el cuchillo entre la vieira y su valva inferior. Corte y deseche la membrana en forma de fleco. Lave la vieira y el coral antes de usarlos.

Abrir ostras

Para dominar esta técnica se necesita práctica. Use una toalla para proteger sus manos de las afiladas valvas de la ostra.

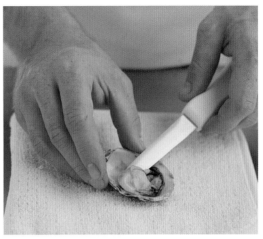

1 Sujete bien la ostra plana para que no pierda su jugo. Inserte sólo la punta de un cuchillo para ostras en la bisagra y gírelo para que se suelte la valva superior. Corte el músculo y levante la valva superior.

2 Deslice el cuchillo entre la ostra y su valva inferior para desprenderla. Las ostras se pueden servir crudas sobre una valva (pero asegúrese de limpiarla bien antes de abrirlas) o cocinadas, sin valva.

Pelar y desvenar langostinos

Quite la vena a langostinos y gambas grandes, pues es amarga.

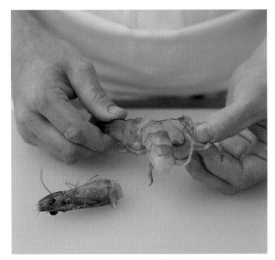

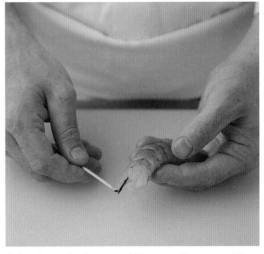

1 Quite la cabeza, las patas y el caparazón de la cola con los dedos. Reserve la cabeza para hacer caldo, si lo desea.

2 Con la punta de un cuchillo pequeño o un palillo, enganche la vena por la parte de la cabeza y estire suavemente hasta sacarla.

Cocinar pescado

Hay muchas maneras de cocinar el pescado fresco, pero las técnicas sencillas son las que dan mejores resultados.

En papillote

1 Use este método para hornear el pescado entero. Si la receta incluye relleno, abra el pescado, meta el relleno y cierre con 1 ó 2 palillos para que no se salga.

2 Envuélvalo con papel de aluminio engrasado con aceite. Precaliente el horno a 180 °C (gas 6). Déjelo 25 min si es pequeño y 30–35 min si es grande, o hasta que la carne de la espina del centro esté opaca.

Al vapor

1 Si usa una vaporera de bambú, vierta el agua en un *wok* sin llegar a donde encaja la vaporera. Añada limón o hierbas, y lleve a ebullición. Coloque la vaporera en el *wok* y ponga sobre ella el pescado.

2 Sazónelo y cúbralo. Cocine los filetes 3–4 min. Si es un pescado entero y pesa hasta 350 g, cocínelo 6–8 min. Si pesa hasta 900 g, hágalo 12–15 min, o hasta que la carne esté opaca y la piel se desprenda.

A la parrilla

1 Pinte la parrilla con aceite vegetal. Coloque el pescado, píntelo con un poco de aceite y salpimiente. Ponga la parrilla a unos 10 cm de la fuente de calor y áselo el tiempo sugerido en la receta.

2 Con unas pinzas, dé la vuelta al pescado con cuidado y siga cocinándolo el tiempo recomendado, o hasta que se deshaga con facilidad.

Frito

1 Caliente la misma cantidad de aceite y mantequilla a fuego medio-alto hasta que haga espuma. Sazone el pescado y fríalo con la piel hacia abajo (si la tiene) la mitad del tiempo que se recomiende en la receta.

2 Dele la vuelta con una espátula o una espumadera. Siga friendo el pescado el tiempo indicado en la receta, o hasta que se dore y la carne se abra fácilmente al tocarla con el tenedor.

Marinar pescado

Marinar pescados como salmón, trucha, lubina o atún, crudos, en lonchas y en un medio ácido como el limón o la lima, es una forma de «cocer» los pescados conocida como ceviche. Asegúrese de emplear pescado muy fresco.

1 Deje una pieza de pescado sin espinas 10 min en el congelador antes de cortarlo. Así quedará más firme, y será mucho más fácil obtener lonchas.

2 Ponga los ingredientes de la marinada en un recipiente poco profundo. Corte lonchas de pescado muy finas. Retire todas las espinas.

3 Cubra bien el pescado con la marinada y muévalo de vez en cuando para que esta llegue a todas las partes. Refrigere 30–60 min.

4 Una vez el pescado se haya vuelto opaco, escúrralo y páselo a una bandeja para servir. Sirva con limón o lima y una ensalada fresca.

Salmón marinado en lima y ají

Marinada de limón

Ideal para: atún, lubina y salmón.
el jugo de 4 limones grandes, más
   1 limón en cuartos y luego en láminas
2 dientes de ajo en láminas
1 pizca de sal marina

Marinada de lima y ají

Ideal para: pez espada, vieiras, lubina y atún.
el jugo de 4 limas, más 1 lima en cuartos
   y luego en láminas
1 ají rojo, sin semillas y en tiritas finas
2 dientes de ajo en láminas
1 trozo de 2,5 cm de jengibre fresco,
   pelado y en láminas
1 pizca de sal marina

Marinada de lima y cilantro

Ideal para: pez espada, atún y lubina.
jugo de 4 limas, más 1 lima en
   cuartos y luego en láminas
1 manojo de cilantro fresco, solo
   las hojas, muy picadas
2 dientes de ajo en láminas
1 pizca de sal marina

Sardinas al horno al estilo mediterráneo

Una manera de disfrutar al máximo de este pescado azul,
que se encuentra alrededor del mundo

INGREDIENTES

8 sardinas grandes limpias
8 ramitas de tomillo más un poco para decorar
4 limones
3 cdas. de aceite de oliva
2 dientes de ajo triturados
1 cdta. de comino molido

PREPARACIÓN

1 Lave bien las sardinas por dentro y por fuera, y séquelas con un paño o papel de cocina.
Colóquelas en una bandeja no metálica con una ramita de tomillo sobre cada una. Ponga la
ralladura y el jugo de 3 limones en un bol con el aceite, el ajo y el comino, y mezcle bien.
Rocíe las sardinas con esta mezcla, tápelas y guárdelas en el refrigerador 2 h.

2 Precaliente la parrilla a la temperatura máxima. Ponga las sardinas en una bandeja
de horno y áselas 2–3 min por cada lado. Rocíelas con la marinada.

3 Corte el limón restante en 8 rodajas. Pase las sardinas a una bandeja caliente y sírvalas
enseguida, acompañadas de las rodajas de limón y ramitas de tomillo.

Para 4

**Prep. 15 min,
más marinado
• cocinar 5 min**

**Marinado
al menos 2 h**

Bacalao rebozado con papas fritas

El rebozado con levadura es ideal para el pescado, pues es fácil de hacer y se mantiene crocante

INGREDIENTES

85 g de harina más un poco
   para espolvorear
una pizca de azúcar
7 g de levadura en polvo
60 ml de leche tibia
900 g de papas harinosas
aceite vegetal para freír
675 g de lomo de bacalao* sin piel
   ni espinas y en cuatro filetes
sal y pimienta negra recién molida

PREPARACIÓN

1 Para hacer la masa, ponga harina en un bol, agregue el azúcar y la levadura, y revuelva. Añada leche y 120 ml de agua tibias, y bata hasta obtener una masa suave. Tape y deje reposar 1 h o hasta que la masa se vuelva espumosa.

2 Pele las papas y córtelas en trozos de 1 x 6 cm. Lávelas, escúrralas y séquelas con papel de cocina.

3 Caliente abundante aceite en una freidora a 160 °C o en una sartén honda hasta que un trocito de pan duro tarde en dorarse menos de 1 min. Ponga la mitad de las papas en la canastilla de la freidora y sumérjalas en el aceite caliente con cuidado. Fríalas 5 min, o hasta que estén crujientes pero sigan pálidas. Escurra y fría las demás papas de la misma forma. Precaliente el horno a 130 °C (gas 1/2).

4 Salpimiente los filetes de bacalao y enharínelos. Caliente el aceite a 190 °C. Revuelva el rebozado y recubra el bacalao uniformemente. Fría los filetes, de dos en dos, 5 min o hasta que se doren. Escúrralos sobre papel de cocina y déjelos destapados en el horno para que se mantengan calientes.

5 Vuelva a poner las papas en la canastilla y fríalas 3–4 min o hasta que se doren. Escúrralas, sálelas y sírvalas con el bacalao.

---

* Use pescado seco como alternativa al bacalao.

Para 4

Prep. 20 min,
más reposo
• cocinar 30 min

Sartén honda
o freidora

Guiso de mariscos con tomate

Delicioso para almorzar o cenar

INGREDIENTES

2 cdas. de aceite de oliva
2 cebollas chalote bien picadas
1 apio bien picado
2 dientes de ajo picados
2 anchoas escurridas
una pizca de ají triturado
sal y pimienta negra recién molida
300 g de tomates picados
250 ml de vino blanco
200 ml de caldo de pescado o de vegetales
400 g de una mezcla de
   langostinos, vieiras y rape*
ralladura y jugo de 1 limón
1 cdta. de alcaparras pequeñas
   escurridas y lavadas

PREPARACIÓN

1 Caliente el aceite en una olla. Añada las cebollas chalote, el apio, el ajo, las anchoas y el ají. Salpimiente al gusto y sofríalos 5 min a fuego medio. Revuelva.

2 Añada los tomates, el vino y el caldo. Cocine la salsa a fuego medio 15–25 min o hasta que se reduzca un poco. Añada los mariscos, el rape, el jugo y la ralladura del limón, y las alcaparras. Cocine todo 5 min o hasta que los langostinos estén rosados.

---

*   Use pejesapo como alternativa al rape.

Para 4

Prep. 10 min
• cocinar 30 min

Abadejo Mornay

Un clásico que puede servirse como plato único acompañado de una capa de espinacas recién cocidas bajo el pescado

INGREDIENTES

675 g de lomo de abadejo sin piel
   y en cuatro filetes
150 ml de caldo de pescado o agua
300 ml de leche
45 g de mantequilla más un
   poco para engrasar
45 g de harina
115 g de queso *cheddar* rallado
sal y pimienta negra recién molida
250 g de espinacas picadas
una pizca de nuez moscada molida
60 g de pan integral rallado
2 cdas. de perejil picado
60 g de queso parmesano rallado

PREPARACIÓN

1 Ponga el abadejo en una sartén honda y agregue el caldo y la leche. Lleve a ebullición, tape y hierva a fuego lento 6–8 min o hasta que el pescado esté cocido. Retírelo de la sartén y manténgalo caliente. Reserve el caldo de la cocción.

2 Derrita la mantequilla en una cacerola, agregue la harina y revuelva hasta que la mezcla esté suave. Cocine 1 min, añada el caldo de cocción poco a poco y revuelva o bata para que se mezcle bien. Sin apartar del fuego, espere a que la salsa espese y se suavice. Añada el *cheddar*, revuelva hasta que se funda y salpimiente al gusto. Retire del fuego.

3 Coloque las espinacas en una olla, tápela y cocínelas a fuego lento 1 min, o hasta que las hojas se ablanden. Sazone con la nuez moscada, páselas a una bandeja de horno poco honda y engrasada, y distribúyalas formando una sola capa. Precaliente la parrilla.

4 Disponga el abadejo cocido con las espinacas y rocíelo con la salsa de queso. Mezcle el pan rallado con el perejil y el queso parmesano, y espolvoréelos sobre la salsa. Coloque la bandeja bajo la parrilla hasta que se dore.

Para 4

Prep. 25 min
• cocinar 25 min

Congelar
hasta un mes

Guiso de pescado y coco

Este popular guiso brasileño se llama *moqueca de peixe*. El aceite de palma le da un tono anaranjado y un sabor único, pero puede usar uno más ligero si lo desea

INGREDIENTES

4 cdas. de aceite de oliva

1 cebolla blanca bien picada

3 tomates maduros pelados,
   sin semillas y picados

1 pimiento rojo sin semillas y bien picado

1 pimiento verde sin semillas y bien picado

sal y pimienta negra recién molida

300 ml de leche de coco

3 cdtas. de puré de tomate

800 g de pescado blanco en trozos o tiras

3 cdas. de aceite de palma (opcional)

1 cda. de hojas de cilantro picadas

Para la salsa de ají

1 tomate maduro pelado,
   sin semillas y picado

1 cebolla roja pequeña bien picada

1 diente de ajo bien picado

1 cda. de vinagre de vino tinto

1 cda. de jugo de lima

1 cda. de aceite de girasol

1 cda. de hojas de perejil picadas

1 cdta. de salsa de ají

PREPARACIÓN

1 Caliente el aceite en una sartén honda a fuego medio. Agregue la cebolla y fríala 5 min o hasta que se ablande sin dorarse. Revuelva con frecuencia. Añada los tomates y los pimientos, baje el fuego y cocínelos a fuego lento 20 min o hasta que se ablanden. Revuelva de vez en cuando. Salpimiente al gusto, añada la leche de coco y el puré de tomate, y lleve a ebullición.

2 Entre tanto, prepare la salsa de ají mezclando todos los ingredientes. Póngala en un bol. Reserve.

3 Añada el pescado a los vegetales y cocínelo 5–10 min, según el tamaño de los trozos, hasta que se cocine del todo. Revuelva de vez en cuando. Procure no cocerlo en exceso. Agregue el aceite de palma, si lo usa, y revuelva.

4 Ponga el guiso en una bandeja y espolvoréelo con el cilantro.
Sírvalo acompañado de una ensalada.

Para 4

Prep. 15 min
• cocinar 35 min

Trucha al horno con almendras

Los cítricos y los frutos secos realzan el sabor de la trucha

INGREDIENTES

4 truchas frescas limpias (véanse pp. 6–7)
2 limones en medias rodajas delgadas
125 g de mantequilla derretida
60 g de almendras en láminas
90 ml de vino blanco seco
sal y pimienta negra recién molida
3 cdas. de hojas de perejil picadas

PREPARACIÓN

1 Precaliente el horno a 200 °C (gas 6). Haga 3 ó 4 cortes en diagonal, de 5 mm de profundidad, en uno de los lados de cada trucha. Disponga las truchas muy juntas en una bandeja de horno honda e introduzca una media rodaja de limón dentro de cada corte.

2 Rocíelas con la mantequilla derretida. Hornéelas 20 min o hasta que se desmenucen al tocarlas con un tenedor.

3 Caliente la mantequilla restante en una cacerola pequeña. Añada las almendras y fríalas hasta que se doren ligeramente. Añada el vino y salpimiente al gusto. Lleve a ebullición y cocine la salsa 1–2 min. Agregue el perejil y viértala sobre las truchas. Sirva enseguida.

Para 4

Prep. 10 min
• cocinar 25 min

Raya con beurre noisette

Este clásico plato francés requiere que la mantequilla se dore, sin quemarse, para tomar un suave sabor a avellana *(beurre noisette)*

INGREDIENTES

4 aletas de raya pequeñas
   sin piel (véase p. 8)
175 g de mantequilla
4 cdtas. de jugo de limón
3 cdas. de perejil picado
2 cdas. de alcaparras
   lavadas, escurridas y picadas

Para el caldo corto

5 cdas. de vino blanco seco
1 diente de ajo triturado
$\frac{1}{2}$ limón en rodajas
$\frac{1}{2}$ cebolla blanca en rodajas gruesas
5 granos de pimienta negra triturados
un poco de perejil
2 ramitas de tomillo
1 hoja de laurel
1 cdta. de sal

PREPARACIÓN

1 Ponga 1 l de agua y todos los ingredientes del caldo corto en una olla grande y lleve a ebullición. Baje el fuego y deje que hierva a fuego lento 10 min. Deje enfriar el caldo y úselo cuando esté tibio.

2 Ponga las aletas en una sartén grande o en dos ollas de tamaño medio, cubiertas con el caldo corto. Sin dejar que hierva, tape y escálfelas unos 7–10 min o hasta que la parte más gruesa de carne se separe con facilidad de la espina central. Retire la raya de la sartén y escúrrala bien. Póngala en un plato y manténgala caliente.

3 Ponga la mantequilla en una sartén grande a fuego medio-alto. Sacuda la sartén para que se derrita uniformemente y adquiera un color avellana; primero chisporroteará mientras se evapora toda el agua, y luego hará espuma. Retire la sartén del fuego cuando la mantequilla se oscurezca. Añada el jugo de limón.

4 Esparza las alcaparras y el perejil sobre la raya, y luego agregue la mantequilla. Sirva enseguida.

Para 4

Prep. 10 min
• cocinar 25 min

Pastelitos de cangrejo tailandeses

Un apetitoso almuerzo o cena, servidos con fideos de arroz

INGREDIENTES

500 g de carne de cangrejo
115 g de habichuelas troceadas
1 ají rojo o verde sin semillas y bien picado
1 cdta. de puré de hierba de limón
ralladura fina de 1 lima
1 cda. de salsa de pescado tailandesa
1 cda. de cebollín chino bien picado
1 clara de huevo ligeramente batida
harina para espolvorear
aceite vegetal para freír

PREPARACIÓN

1 Desmenuce el cangrejo en un bol, cuidando que ningún pedacito de caparazón caiga dentro. Añada las habichuelas, el ají, el puré de hierba de limón, la ralladura de lima, la salsa de pescado y el cebollín chino. Mezcle bien.

2 Añada la clara de huevo y revuelva hasta que se mezcle bien. Enharínese las manos y haga 20 bolitas con la masa. Luego, aplánelas un poco y deles forma de tortica. Póngalas en una bandeja, separadas para que no se peguen, y métalas en el refrigerador 1 h, o hasta que se endurezcan.

3 Caliente aceite a 160 °C en una sartén honda. Reboce los pastelitos en harina y fríalos en tandas unos 3 min, o hasta que se doren. Escúrralos sobre papel de cocina y sírvalos calientes. Ideales con una salsa picante y una ensalada de fideos tailandeses. También puede desmenuzarlos sobre una ensalada de lechuga para improvisar una comida ligera.

20 unidades

Prep. 30 min,
más enfriado 1 h
• cocinar 20 min

Congelar
hasta un mes.
No volver
a congelar
si se han
descongelado

Pastel del pescador

El clásico *fisherman's pie* británico, con un cremoso relleno y una costra de puré de papas, puede ser todo lo sofisticado que uno desee según el marisco elegido

INGREDIENTES

500 g de papas harinosas
   peladas y cortadas en trozos
450 ml de leche
100 g de mantequilla más
   un poco para pintar
sal y pimienta negra recién molida
300 g de langostinos crudos sin pelar
400 g de filetes de abadejo* fresco
200 g de filetes de abadejo* ahumado

4 granos de pimienta negra
   un poco triturados
1 hoja de laurel
4 cdas. de harina
jugo de limón
2 cdtas. de crema de leche para batir
4 cdas. de hojas de perejil
   picadas, y un poco más
una pizca de pimienta de Cayena

PREPARACIÓN

1 Ponga las papas en una olla grande con agua y sal. Cocínelas unos 10–15 min o hasta que estén tiernas al pincharlas con un cuchillo. Escúrralas bien. Haga puré y, cuando esté suave, agregue 150 ml de leche y 60 g de mantequilla. Salpimiente al gusto y reserve.

2 Entre tanto, retire la cabeza y el caparazón a los langostinos; reserve los caparazones. Desvene los langostinos (véase p. 13) y reserve.

3 Ponga el pescado fresco y el ahumado en una sartén con la leche restante. Lleve a ebullición y cocine a fuego lento 10 min o hasta que la carne se despegue de las espinas con facilidad. Con una espumadera, retire el pescado de la sartén y reserve. Luego, añada los caparazones de los langostinos, la pimienta, el laurel y el perejil. Deje hervir a fuego muy lento unos 10 min.

4 Mientras tanto, precaliente el horno a 220 °C (gas 7). Derrita la mantequilla en una olla a fuego medio. Espolvoree la harina, revuelva y, al cabo de 1 min, retire la olla del fuego. Cuele la leche y añádala, poco a poco, a la mezcla de mantequilla. Vuelva a poner la olla a fuego lento hasta que la salsa espese. Agregue el limón y la crema de leche, revuelva y salpimiente al gusto. Agregue el perejil, la pimienta de Cayena y los langostinos, y mezcle la salsa con el pescado desmenuzado.

5 Disponga la mezcla de pescado en una refractaria, cúbrala con el puré de papa y agregue unas bolitas de mantequilla. Ponga la refractaria sobre una lata de horno y gratine 20–25 min, o hasta que la superficie se dore y el relleno esté caliente en el centro al pincharlo con un tenedor. Saque el pastel del horno y sirva enseguida.

---

*   Use bacalao como alternativa al abadejo.

Para 4

**Prep. 25 min
• cocinar
50 min–1 h**

**Refractaria
redonda
u ovalada**

Platija al horno con tocineta

Una manera sabrosa y original de cocinar y servir pescados planos como este

INGREDIENTES

2 cdas. de aceite de oliva
4 lonjas de tocineta picadas
3 cebollas largas picadas
4 filetes de platija* de 175 g cada uno
pimienta negra recién molida
60 g de mantequilla
jugo de ½ limón grande
1 cda. de perejil picado

PREPARACIÓN

1 Precaliente el horno a 200 °C (gas 6). Caliente el aceite en una bandeja para asar
a fuego medio, añada la tocineta y las cebollas, y fría 2 min, revolviendo constantemente.

2 Añada la platija con la piel hacia abajo, rocíela con aceite y salpimiente al gusto.

3 Ponga la bandeja en el horno y ase el pescado 15 min. Rocíelo con aceite una o dos veces.

4 Pase la platija a platos de servir calientes. Escurra la tocineta y las cebollas que quedan
en la bandeja y reserve.

5 Caliente la mantequilla en una olla hasta que se dore, añada el jugo de limón, la tocineta,
las cebollas y el perejil. Revuelva. Rocíe la platija con la salsa y sirva enseguida. Excelente
con vegetales al vapor o salteados, como espinacas, habichuelas o zanahorias.

---

* Use lenguado como alternativa a la platija.

Para 4

**Prep. 10 min
• cocinar 20 min**

Salmón al horno con salsa de pepino al eneldo

Tan bueno con lomos como con rodajas de salmón, este sencillo plato veraniego es rápido de hacer y muy saludable

INGREDIENTES

$\frac{1}{2}$ pepino
sal y pimienta negra recién molida
250 g de yogur natural
2 cdtas. de mostaza de Dijon
1 cebolla larga bien picada
1 cda. de eneldo
4 filetes de salmón sin piel
2 cdtas. de aceite de oliva
jugo de $\frac{1}{2}$ limón

PREPARACIÓN

1 Corte el pepino en dados y póngalo en un colador sobre un bol. Espolvoréelo con sal y déjelo escurrir 1 h. Lávelo con agua fría y séquelo con papel de cocina. Mezcle el pepino seco con el yogur y añada la mostaza, la cebolla larga y el eneldo. Salpimiente al gusto. Reserve.

2 Precaliente el horno a 200 °C (gas 6). Disponga los lomos de salmón en una bandeja poco honda, píntelos con aceite y sazone al gusto.

3 Rocíe el salmón con jugo de limón y áselo 8–10 min, según el grosor, hasta que esté bien hecho pero jugoso por dentro. Retírelo del horno, mezcle el jugo de la bandeja con la salsa de pepino y revuelva.

4 Sirva el salmón frío o caliente, con la salsa por encima.

Para 4

Prep. 10 min,
más reposo
• cocinar 10 min

Brochetas de pez espada con salsa de rúgula

Tiernas y sabrosas, se pueden asar en la barbacoa o en una parrilla bien caliente

INGREDIENTES

6 cdas. de aceite de oliva más
   un poco para engrasar
jugo de 1 limón
4 cdas. de hojas de perejil picadas
$1/2$–1 cda. de ají en polvo
4 filetes de pez espada de unos 225 g cada uno,
   sin espinas ni piel y cortados en dados de 2,5 cm
2 pimientos rojos, anaranjados o amarillos,
   sin semillas y cortados en trozos de 2,5 cm

Para la salsa de rúgula

1 ají bien picado
2 dientes de ajo bien picados
120 ml de aceite de oliva extra virgen
4 cdas. de vinagre balsámico
sal y pimienta negra recién molida

PREPARACIÓN

1 Bata aceite de oliva, jugo de limón, perejil y ají en polvo al gusto en un bol no metálico. Añada los dados de pez espada y revuelva suavemente. Tape y deje marinar el pescado en el refrigerador 30 min–1 h. Dele la vuelta de vez en cuando.

2 Entre tanto, prepare la salsa batiendo el aceite de oliva y el vinagre con las hojas de rúgula. Salpimiente al gusto y reserve.

3 Antes de empezar a cocinar, precaliente la parrilla al máximo, con la bandeja a 10 cm de la fuente de calor y engrase 8 pinchos de metal. Ensarte el pescado y los pimientos en los pinchos. Ase 5–8 min o hasta que el pescado esté cocido. Píntelo con la marinada y dele la vuelta una o dos veces.

4 Ponga la marinada restante en una sartén pequeña durante 1 min a fuego fuerte. Sirva las brochetas regadas con la marinada. Añada la salsa de rúgula para acompañar.

Para 4

Prep. 15 min,
más marinado
• cocinar 5–8 min

8 pinchos
largos metálicos

Salmón en hojaldre

Al asarlo empanado, el salmón queda jugoso y suculento

INGREDIENTES

85 g de berros sin tallos
115 g de queso crema
sal y pimienta negra recién molida
600 g de lomo de salmón sin piel
400 g de masa de hojaldre
harina para espolvorear
1 huevo batido o leche para glasear

PREPARACIÓN

1 Precaliente el horno a 200 °C (gas 6). Trocee los berros muy finos, póngalos en un bol, añada el queso crema y salpimiente con generosidad. Mezcle bien.

2 Corte el lomo de salmón por la mitad. Ponga la masa en una superficie enharinada y haga con ella un rectángulo perfecto de 3 mm de grosor. El rectángulo de masa debe tener 7,5 cm más, a lo largo, que los trozos de salmón y poco más del doble a lo ancho. Corte los bordes rectos y páselo a una bandeja engrasada.

3 Ponga un trozo de salmón en el centro del hojaldre. Añada la crema de berros y el otro trozo de salmón encima. Pinte ligeramente los bordes de la masa con agua y doble las dos puntas por encima del salmón. Procure que quede una encima de la otra y presione hasta que se peguen. Si quiere, puede aprovechar los restos de masa y ponerlos encima para decorar. Pinte con el huevo batido. Pinche la pieza dos veces con un tenedor o con un pincho para que pueda salir el vapor.

4 Ase 30 min o hasta que la masa suba y se dore. Para saber si está listo, hunda un pincho en la parte más gruesa del salmón, espere 4–5 s y compruebe si el pincho sale caliente.

5 Retírelo del horno y déjelo reposar unos minutos antes de cortarlo en rodajas y servir.

Para 4

**Prep. 25 min
• cocinar 30 min**

Bacalao con salsa de tomate

Los tomates y el vino aportan un sabor dulce al plato

INGREDIENTES

2 cdas. de aceite de oliva

1 kg de lomo de bacalao* en cuatro filetes

1 cebolla blanca grande en rodajas finas

1 diente de ajo bien picado

4 tomates pera grandes pelados,
   sin semillas y picados

2 cdtas. de puré de tomate

1 cdta. de azúcar

300 ml de caldo de pescado

120 ml de vino blanco seco

2 cdas. de perejil picado

sal y pimienta negra recién molida

PREPARACIÓN

1 Precaliente el horno a 200 °C (gas 6). Caliente el aceite en una cazuela de barro resistente al fuego y lo bastante grande para que quepan todos los filetes. Fría el bacalao con la piel hacia abajo, durante 1 min o hasta que la piel esté crujiente, a fuego medio–alto. Dele la vuelta y fríalo otro minuto. Retírelo con una espumadera y reserve.

2 Añada las cebollas y el ajo a la cazuela y sofríalos a fuego medio unos 4–5 min o hasta que se ablanden. Revuelva constantemente. Añada los tomates, el puré de tomate, el azúcar, la sal, el caldo y el vino. Lleve a ebullición y deje que se cocine la salsa 10–12 min, revolviendo.

3 Incorpore el pescado en la salsa y hornéelo 5 min. Saque la cazuela del horno, retire el bacalao y manténgalo caliente.

4 Ponga la cazuela a fuego medio-alto y deje que la salsa burbujee 3–4 min hasta que se reduzca y espese. Añada la mitad del perejil, revuelva y salpimiente al gusto. Reparta la salsa en 4 platos y ponga un trozo de bacalao encima de cada uno. Sírvalo inmediatamente, espolvoreado con el perejil restante.

---

*   Use pescado seco como alternativa al bacalao.

Para 4

**Prep. 10 min
• cocinar 30 min**

**Cazuela grande
resistente al fuego**

Sardinas en hojas de parra

La sardina es un pescado muy sabroso, y este sencillo relleno de arroz y finas hierbas le va perfectamente

INGREDIENTES

12 sardinas limpias (véanse pp. 6–8)
12 hojas de parra* grandes lavadas en agua fría,
    frescas o en conserva
2 cdas. de aceite de oliva
gajos de limón para decorar

Para el relleno

50 g de arroz
50 g de piñones tostados
45 g de uvas pasas
3 cdas. de perejil picado
1 cda. de menta picada
1 cda. de eneldo
jugo de $\frac{1}{2}$ limón
sal
una pizca de pimienta de Cayena

PREPARACIÓN

1 Ponga a hervir agua y sal en una olla grande. Cocine el arroz unos 20 min o hasta que esté tierno. Escúrralo, lávelo con agua fría y vuelva a escurrirlo.

2 Ponga el arroz en un bol y añada los piñones, las uvas pasas, el perejil, la menta, el eneldo y el jugo de limón. Agregue sal al gusto y la pizca de pimienta de Cayena.

3 Reparta el relleno entre las sardinas de manera uniforme. Envuelva cada sardina en una hoja de parra para que el relleno no se salga y píntela ligeramente con aceite.

4 Precaliente la parrilla al máximo o caliente bien la barbacoa. Ase las sardinas 4–5 min, dándoles la vuelta una sola vez. Sírvalas con unos gajos de limón para exprimir.

---

* Use hojas de parra en conserva como alternativa a las hojas de parra.

Para 4

Prep. 10 min
• cocinar 25 min

Caballa con ensalada de pepino

Ideal para una comida de verano, la caballa se puede hacer
a la parrilla o a la barbacoa

INGREDIENTES

1 pepino
1 cebolla chalote bien picada
1 cda. de eneldo picado más
    un poco para decorar
½ pimiento verde sin semillas y picado
jugo de ½ limón
½ cdta. de mostaza de Dijon
4 cdas. de aceite de oliva suave más
    un poco para servir
sal y pimienta negra recién molida
4 caballas* enteras sin espinas (véase p. 9)
papas blancas pequeñas cocidas, para servir

PREPARACIÓN

1 Para hacer la ensalada, corte primero las puntas del pepino y luego el resto en tiras
largas, con un pelador de verduras. Ponga las tiras en un bol y añada la cebolla
chalote, el eneldo y el pimiento.

2 Bata el jugo de limón, la mostaza y el aceite de oliva, y salpimiente al gusto.
Vierta el aliño sobre la mezcla de pepino e incorpórelo bien. Reserve.

3 Precaliente la parrilla a fuego medio-alto. Haga 2–3 cortes en la piel del pescado por ambos
lados. Ase las caballas 5 min, deles la vuelta y áselas otros 3–4 min, o hasta que estén listas.

4 Sírvalas calientes con la ensalada de pepino y las papas, rociadas
con aceite de oliva y con un poco de eneldo.

---

*   Use macarela como alternativa a la caballa.

Para 4

**Prep. 30 min
• cocinar 10 min**

Rape con mejillones y tocineta

La textura firme y el sabor del rape combinan a la perfección con la tocineta y los tomates frescos

INGREDIENTES

1 cda. de aceite de oliva
15 g de mantequilla
1 cebolla blanca picada
3 dientes de ajo picados
una pizca de sal
400 g de tomates picados
450 g de rape* troceado
120 ml de vino blanco seco
100 g de tocineta en lonjas
1 kg de mejillones limpios (véase p. 12)
100 ml de crema de leche para batir
jugo de ½ limón
un manojito de perejil picado

PREPARACIÓN

1 Caliente el aceite y la mantequilla en una olla grande. Fría la cebolla y el ajo con sal a fuego bajo 5 min. Añada los tomates y cocine a fuego lento 5 min. Agregue el rape y el vino. Cocine a fuego lento durante 10 min.

2 Entre tanto, fría la tocineta en otra sartén hasta que esté crujiente. Cuando se enfríe, córtela en trozos gruesos.

3 Añada los mejillones a los tomates y al pescado. Tape. Sacuda la sartén después de 3 min, o hasta que los mejillones se abran. Deseche los que sigan cerrados.

4 Retire los mejillones y el rape con una espumadera. Páselos a una bandeja caliente y tape para que no se enfríen. Cocine a fuego lento la salsa que quede en la sartén, agregue la tocineta, la crema de leche, el jugo de limón y la mitad del perejil. Cuando rompa a hervir de nuevo, viértala sobre los mejillones. Espolvoree con el perejil restante y sirva.

---

*   Use pejesapo como alternativa al rape.

Para 4

Prep. 20 min • cocinar 30 min

Golpee levemente los mejillones y tire los que no se cierren

Bacalao a la cazuela

En este tradicional plato español, el bacalao desalado queda untuoso
y aromatizado con los sabores del ajo, el laurel y el azafrán

INGREDIENTES

800 g de bacalao* cortado en cuatro piezas

3 cdas. de aceite de oliva

1 cebolla blanca bien picada

2 puerros (parte blanca) en rodajas finas

3 dientes de ajo picados

3 tomates sin semillas, pelados y picados

500 g de papas cortadas en dados

sal y pimienta recién molida

2 hojas de laurel

una buena pizca de azafrán

120 ml de vino blanco seco

2 cdas. de perejil picado

PREPARACIÓN

1 Caliente el aceite en una cazuela de barro grande y resistente al fuego. Añada la cebolla
y los puerros, y sofríalos 5 min o hasta que se ablanden. Revuelva de manera constante.

2 Añada el ajo y los tomates, y sofría durante 2 min más, sin dejar de revolver.
Agregue las papas y salpimiente al gusto. Incorpore el laurel y el azafrán.

3 Coloque el bacalao sobre las verduras con la piel hacia arriba. Vierta el vino y 250 ml
de agua. Lleve a ebullición a fuego bajo y deje que se cocine 25–30 min. Sacuda la cazuela
una o dos veces cada 5 min para que la gelatina del pescado se suelte y la salsa se espese.

4 Espolvoree con perejil picado y sirva en la misma cazuela.

---

*   Use pescado seco como alternativa al bacalao.

Para 4

**Prep. 20 min,
más desalado
• cocinar 40 min**

**Remoje el bacalao
cubriéndolo de
agua, como
mínimo, 24 h;
cambie el agua
2–3 veces
para desalar**

**Cazuela de
barro grande y
resistente al fuego**

Salmón en papillote

Al cocinar el pescado en un paquete de papel sulfurizado o de aluminio bien sellado, se retienen los jugos y se conserva la humedad

INGREDIENTES

aceite de oliva para engrasar
4 tomates en rodajas
4 filetes de salmón de 175 g cada uno
2 limones en rodajas
8 ramitas de estragón
pimienta negra recién molida

PREPARACIÓN

1 Corte 8 círculos de papel sulfurizado lo bastante grandes para que el salmón quepa con holgura en la mitad de un círculo. Ponga 2 círculos, uno encima del otro, para crear un envoltorio más sólido. Engrase ligeramente la superficie de la hoja exterior con aceite de oliva. Repita con el resto de las hojas.

2 Precaliente el horno a 160 °C (gas 3). Reparta las rodajas de tomate entre los círculos de papel, agregue el salmón, y decore con las rodajas de limón y el estragón. Salpimiente al gusto. Cubra con otro círculo de papel y cierre bien el paquete. Ponga los paquetes en una bandeja de horno y hornéelos 15 min.

3 Disponga el salmón en platos calientes y sirva de inmediato. Excelente con *beurre blanc* (una clásica salsa de mantequilla) rociada sobre el pescado o servida aparte (véase p. 84).

Para 4

Prep. 25 min
• cocinar 15 min

Marmitako

Originariamente, los pescadores vascos solían preparar este guiso con bonito, durante sus largas horas en alta mar

INGREDIENTES

900 g de papas
750 g de atún fresco
350 g de pimientos rojos asados
3 cdas. de aceite de oliva
1 cebolla blanca grande
   en rodajas finas
2 dientes de ajo triturados
1 hoja de laurel
sal y pimienta negra recién molida
400 g de tomates picados
300 g de arvejas
2 cdas. de perejil picado

PREPARACIÓN

1 Pele las papas y córtelas en rodajas o trozos gruesos. Trocee el atún en pedazos más o menos del mismo tamaño que las papas, y corte en tiras los pimientos asados y pelados.

2 Caliente el aceite en una cazuela y añada la cebolla, el ajo y el laurel. Revuelva y sofríalos hasta que la cebolla se ablande. Agregue las papas, revolviendo bien. Salpimiente al gusto y cúbralas con agua. Deje que hiervan 10 min, o hasta que estén casi cocidas, y añada los tomates. Cocine durante 5 min más.

3 Baje el fuego al mínimo. Añada el atún y cocine otros 5 min. Agregue las arvejas y los pimientos, y deje que se cocine todo a fuego lento, durante 10 min. Para servir, espolvoree con perejil.

Para 4

Prep. 10 min
• cocinar 35 min

Lubina oriental al vapor

Un impresionante plato que saca el máximo partido al sabor
delicado del pescado y es fácil de preparar

INGREDIENTES

8 cdas. de salsa de soya
8 cdas. de vino de arroz chino o jerez seco
4 lubinas* pequeñas evisceradas (véanse pp. 6–7)
6 cdas. de raíz de jengibre fresca en láminas
2 cdas. de aceite de ajonjolí
1 cdta. de sal
4 cebolla larga en tiras finas
8 cdas. de aceite de girasol
4 dientes de ajo picados
2 ajíes sin semillas y en láminas
ralladura fina de 2 limas

PREPARACIÓN

1 Ponga una vaporera o una rejilla encima de un *wok* con agua,
sin llegar a tocarla, y lleve a ebullición.

2 Mezcle la salsa de soya con el vino de arroz y 4 cdas. de jengibre. Reserve. Haga algunos
cortes superficiales en el pescado con un cuchillo afilado, dejando una distancia de 2,5 cm
entre ellos. Pinte el pescado con aceite de ajonjolí y sal, por dentro y por fuera.

3 Esparza una cuarta parte de la cebolla en un recipiente refractario y póngalo sobre
la vaporera o la rejilla. Añada 2 lubinas y rocíelas con la mitad de la salsa.

4 Tape bien el recipiente dispuesto sobre la vaporera o la rejilla, y cocine el pescado al vapor
10–12 min, o hasta que esté listo y se abra al pincharlo con un cuchillo. Retire el pescado,
cúbralo y consérvelo caliente. Repita con el pescado restante.

5 Entre tanto, caliente el aceite de girasol en una olla pequeña, a fuego medio-alto, hasta
que chisporrotee. Esparza sobre el pescado las cebollas restantes, el jengibre, el ajo,
el ají y la ralladura de lima, y añada el aceite caliente. Sirva.

Para 4

Prep. 15 min
• cocinar 10–12 min

Una vaporera
o un *wok* con rejilla
para cocer al vapor
y una tapadera

*　Use róbalo como alternativa a la lubina.

Atún a la plancha con pepino e hinojo

Este atún se sirve muy poco cocido, por ello es esencial
que sea lo más fresco posible

INGREDIENTES

4 filetes de atún de 150 g
6 cdas. de aceite de oliva más
   un poco para pintar
1 bulbo de hinojo picado
sal y pimienta negra recién molida
2 cebollas chalote bien picadas
1 pepino sin semillas ni piel y bien picado
30 g de menta y perejil
   picados y mezclados
jugo de 1 limón
8 filetes de anchoa
gajos de limón para decorar

PREPARACIÓN

1 Unte los filetes de atún con 2 cdas. de aceite y agregue abundante pimienta negra. Reserve.

2 Caliente 2 cdas. de aceite de oliva y saltee el hinojo durante 4–5 min, o hasta que esté tierno. Salpimiente al gusto. Pase el hinojo a un bol grande y deje que se enfríe un poco.

3 Añada las cebollas, el pepino y las hierbas. Agregue el jugo de limón y el aceite restante, y revuelva.

4 Caliente una sartén o una plancha hasta que humee, pinte ligeramente los filetes de atún con aceite y áselos 30 s. Unte la parte de arriba con un poco más de aceite, deles la vuelta y cocine 30 s más.

5 Sirva el atún en un plato con la ensalada y dos anchoas entrecruzadas por encima. Rocíe con el limón y el aceite que queden en el bol y sirva con un gajo de limón. Excelente si se acompaña de una ensalada tibia de papas blancas pequeñas con mantequilla de perejil.

Para 4

Prep. 15 min,
más enfriado
• cocinar 6 min

Pez espada al horno con finas hierbas

El romero potencia los sabores intensos de este plato

INGREDIENTES

4 filetes de pez espada sin piel
   de unos 175 g cada uno
pimienta negra recién molida
2 cdas. de aceite de oliva extra virgen
   más un poco para engrasar
1 bulbo de hinojo bien picado
4 tomates en rodajas
1 limón en rodajas
4 cdas. de hojas de perejil picadas
1 cda. de menta picada
4 ramitas de tomillo
2 cdtas. de romero picado
100 ml de vino blanco seco

PREPARACIÓN

1 Precaliente el horno a 180 °C (gas 4). Sazone abundantemente los filetes con pimienta. Engrase ligeramente una bandeja de horno con aceite y añada el hinojo picado, formando una capa uniforme.

2 Ponga el pescado en la bandeja en una sola capa y añada el tomate y las rodajas de limón. Espolvoree con el perejil, la menta, el tomillo y el romero. Agregue el vino blanco y un chorrito de aceite, y cubra bien la bandeja con papel de aluminio.

3 Hornee 15–20 min o hasta que el pez espada esté cocido. Sirva inmediatamente, añadiendo los jugos de la bandeja al pescado.

Para 4

Prep. 20 min
• cocinar
15–20 min

Langostinos con ají y queso

Una cena rápida de preparar para compartir con amigos

INGREDIENTES

600 g de langostinos
   crudos y pelados
jugo de 2 limas
unas gotas de tabasco
2 cdas. de aceite de oliva
2 cebollas rojas bien picadas
3 ajíes sin semillas y bien troceados
3 dientes de ajo triturados
sal y pimienta negra recién molida
250 ml de crema de leche para batir
85 g de queso gruyère
   o parmesano rallado

PREPARACIÓN

1 Ponga los langostinos en un bol grande y mézclelos con el jugo de lima
y la salsa de tabasco. Tape y deje marinar en el refrigerador 30 min.

2 Precaliente la parrilla a la máxima temperatura. Caliente aceite en una sartén y sofría
las cebollas ligeramente durante 5 min. Añada los ajíes y el ajo, y sofríalos otros 5 min.

3 Ponga la mezcla de cebolla en una bandeja refractaria. Escurra los langostinos,
esparza las cebollas por encima y salpimiente al gusto. Vierta la crema de leche
sobre los langostinos y esparza el queso rallado por encima.

4 Ponga la bandeja bajo la parrilla unos 5–6 min, o hasta que los langostinos
se vuelvan rosados, y el queso se dore y burbujee. Sirva inmediatamente.

Para 6

**Prep. 10 min,
más marinado
• cocinar 15–16 min**

**Bandeja
refractaria
grande**

Bogavante Thermidor

Se cree que este irresistible plato de mariscos debe su
nombre a la obra *Thermidor*, estrenada en París en 1894

INGREDIENTES

2 bogavantes* cocidos de unos 675 g cada uno
páprika picante para espolvorear
gajos de limón para decorar

Para la salsa

30 g de mantequilla
2 cebollas chalote bien picadas
120 ml de vino blanco
120 ml de caldo de pescado
150 ml de crema de leche para batir
½ cdta. de mostaza inglesa
1 cda. de jugo de limón
2 cdas. de perejil picado
2 cdas. de estragón picado
sal y pimienta negra recién molida
75 g de queso gruyère rallado

PREPARACIÓN

1 Corte los bogavantes a lo largo en dos mitades. Retire la carne de las pinzas y de la cola, y
también el coral o la carne de la cabeza. Trocéelo todo bien. Limpie los caparazones y resérvelos.

2 Para preparar la salsa, derrita la mantequilla en una olla pequeña, añada las cebollas y sofríalas
hasta que se ablanden sin llegar a dorarse. Agregue el vino y deje que hierva 2–3 min
o hasta que se reduzca a la mitad.

3 Añada el caldo y la crema. Hierva rápidamente hasta que se consuma y espese.
Agregue la mostaza, el jugo de limón y las hierbas sin dejar de revolver. Sazone al gusto.
Añada la mitad del queso y revuelva.

4 Precaliente la parrilla al máximo. Mezcle la carne de los bogavantes con la salsa
y repártala entre los caparazones. Agregue el resto del queso.

5 Lleve los bogavantes a la parrilla en una bandeja forrada con papel de aluminio
2–3 min, o hasta que burbujeen y se doren. Espolvoree con un poco de páprika
picante, y sírvalos calientes y con rodajas de limón.

Para 4

Prep. 25 min
• cocinar 20 min

*   Use langosta como alternativa al bogavante.

Gambas a la diabla

Plato fácil y rápido con una salsa de tomate picante

INGREDIENTES

2 cdas. de aceite de oliva
1 cebolla blanca picada
1 pimiento rojo sin semillas y picado
3 dientes de ajo picados
120 ml de vino blanco seco o de caldo
250 ml de salsa natural de tomate
450 g de gambas grandes
   cocidas y peladas
1–2 cdtas. de salsa de ají
2 cdtas. de salsa inglesa

PREPARACIÓN

1 Caliente aceite en una olla grande y sofría la cebolla 5 min, o hasta que se ablande y empiece a dorarse. Agregue el pimiento y fríalo otros 5 min, o hasta que se ablande.

2 Añada el ajo y fríalo unos segundos. Agregue el vino o el caldo, revuelva y deje que hierva durante 1–2 min.

3 Agregue el tomate y lleve a ebullición. Revuelva, baje el fuego y deje hervir a fuego lento 5 min, o hasta que la salsa se reduzca un poco.

4 Añada las gambas y revuelva hasta que estén muy calientes. No las cocine demasiado, puesto que quedarían duras. Agregue la salsa de ají y la salsa inglesa. Revuelva y sirva enseguida con arroz blanco.

Para 4

Prep. 5 min
• cocinar 20 min

Mejillones a la marinera

En esta receta francesa, los mejillones se cocinan con vino, ajo y finas hierbas

INGREDIENTES

60 g de mantequilla
2 cebollas blancas bien picadas
3,6 kg de mejillones frescos y limpios
2 dientes de ajo picados
600 ml de vino blanco seco
4 hojas de laurel
2 ramitas de tomillo
sal y pimienta negra recién molida
2–4 cdas. de perejil picado

PREPARACIÓN

1 Derrita la mantequilla en una olla grande, añada la cebolla y fríala suavemente hasta que se dore. Agregue los mejillones, el ajo, el vino, el laurel y el tomillo. Salpimiente al gusto. Tape, lleve a ebullición y deje que hierva durante 5–6 min, o hasta que se abran los mejillones, sacudiendo la olla con frecuencia.

2 Retire los mejillones con una espumadera y deseche los que sigan cerrados. Páselos a una bandeja, tápelos y manténgalos calientes.

3 Cuele el líquido en una olla y llévelo a ebullición. Salpimiente al gusto y añada el perejil. Viértalo sobre los mejillones y sirva enseguida.

Para 4

Prep. 15 min • cocinar 10 min

Golpee los mejillones abiertos y tire los que no se cierren

Calamares fritos con páprika picante

Si lo prefiere, también puede prepararlos con páprika dulce

INGREDIENTES

450 g de calamares limpios
2 cdas. de aceite de oliva
2 dientes de ajo bien picados
sal
2 cdtas. de páprika picante
1 cda. de jugo de limón natural
gajos de limón para decorar

PREPARACIÓN

1 Corte los calamares en aros y los tentáculos en dos partes.

2 Caliente el aceite en una sartén, a fuego medio. Añada el ajo y fríalo 1 min. Revuelva, suba el fuego y agregue los calamares. Fríalos 3 min a fuego alto, revolviendo con frecuencia.

3 Sale al gusto. Luego añada la páprika y el jugo de limón.

4 Sírvalos inmediatamente con gajos de limón para exprimir.

Para 4

Prep. 5 min
• cocinar 5 min

Compre
calamares
ya limpios

Conchas de vieira gratinadas

Este clásico a base de mariscos es un segundo plato elegante y delicioso

INGREDIENTES

8 vieiras con la parte blanca
  y el coral aparte (véase p. 12)
6 cdas. de vino blanco
1 hoja de laurel
un trozo de raíz de apio de unos 7,5 cm
4 granos de pimienta negra
1 ramita de tomillo
sal y pimienta negra recién molida
225 g de champiñones pequeños
jugo de ½ limón
60 g de mantequilla
1 cda. de harina

6 cdas. de crema de leche
  para batir o crema agria
50 g de queso gruyer
  o emmental rallado

Para el puré de papa
450 g de papas harinosas peladas
  y cortadas en 2–3 trozos
30 g de mantequilla
una pizca de nuez moscada molida
sal y pimienta negra recién molida
3 yemas de huevo

PREPARACIÓN

1 Cocine las papas y haga un puré con la mantequilla y la nuez moscada. Salpimiente al gusto y bata a fuego lento, o hasta que crezca. Luego, retírelo del fuego y bátalo con las yemas de huevo. Déjelo enfriar un poco antes de introducirlo en una manga pastelera de boca lisa. Decore el borde de las conchas o de los moldes con una generosa cantidad de puré.

2 Precaliente el horno a 220 °C (gas 7). Ponga las vieiras en una olla pequeña. Añada 150 ml de agua, el vino, el laurel, el apio, el tomillo, la pimienta y una buena pizca de sal. Lleve a ebullición a fuego lento. Tape y cocine 1–2 min, o bien hasta que las vieiras se blanqueen. Trasládelas a un bol, cuele el caldo, resérvelo para hacer la salsa y deseche los vegetales.

3 Cocine los champiñones con jugo de limón, 2 cdas. de agua, y sal y pimienta al gusto, en una olla tapada, durante 5–7 min, o hasta que estén tiernos. Si queda caldo, déjelos destapados hasta que se evapore. Añada los champiñones a las vieiras.

4 Derrita la mantequilla en una olla. Añada la harina, revuelva y cocine 1 min sin dejar de revolver. Aparte del fuego y agregue poco a poco el caldo reservado. Lleve despacio a ebullición y revuelva constantemente hasta que espese. Salpimiente al gusto y cocine a fuego lento 4–5 min. Baje aún más el fuego, añada la crema de leche y la mitad del queso. Revuelva.

5 Corte las vieiras en 2 ó 3 trozos, agréguelas a la salsa junto con los champiñones y revuelva.

6 Rellene las conchas o los moldes con la mezcla y espolvoree el queso restante por encima. Póngalas a gratinar 15 min, o hasta que la salsa y el puré de papa se doren. Sírvalas.

Para 4

**Prep. 20 min
• cocinar 50 min**

**4 conchas de
vieira o 4 moldes
• manga pastelera**

**Congelar hasta
tres meses**

Mejillones con tomate y ají

En este plato, el cálido aroma mediterráneo de la páprika ahumada aporta su sello especial a los mejillones

INGREDIENTES

2 cdas. de aceite de oliva extra virgen
30 g de mantequilla
2 cebollas chalote bien picadas
½ cdta. de páprika ahumada
1 tallo de apio bien picado
1 diente de ajo picado
1 ají rojo grande sin semillas
   y bien troceado
1,8 kg de mejillones
2 tomates picados
90 ml de vino blanco seco
2 cdas. de hojas de perejil picadas

PREPARACIÓN

1 Caliente la mantequilla y el aceite en una olla grande y honda con una tapa que ajuste bien. Añada las cebollas, la páprika ahumada, el apio, el ajo y al ají, y fría a fuego lento hasta que las cebollas ablanden.

2 Agregue los mejillones, los tomates y el vino. Revuelva bien y suba el fuego a medio-alto. Tápelos y cocínelos 2–3 min o hasta que se abran. Deseche los que sigan cerrados.

3 Pase los mejillones a los platos y espolvoréelos con perejil.

Para 4

Prep. 15 min
• cocinar 10 min

Golpee los
mejillones
abiertos y tire
los que no
se cierren

Ostras Rockefeller

Un tradicional plato de *brunch* de Nueva Orleans

INGREDIENTES

100 g de espinacas pequeñas
24 ostras vivas
75 g de cebollas chalote picadas
1 diente de ajo picado
4 cdas. de hojas de perejil picadas
115 g de mantequilla
50 g de harina
2 anchoas escurridas y muy troceadas
una pizca de pimienta de Cayena
sal y pimienta negra recién molida
sal marina gruesa
3 cdas. de Pernod

PREPARACIÓN

1 Ponga las espinacas lavadas y sin escurrir en una olla a fuego medio. Cocínelas, revolviendo de vez en cuando, durante 5 min, o hasta que ablanden. Escúrralas y resérvelas.

2 Entre tanto, deseche las ostras abiertas. Abra una ostra (véase p. 13), reserve el líquido que hay en la concha y guárdela en el refrigerador. Repita este proceso con las restantes. Conserve el líquido reservado de las ostras en el refrigerador hasta que lo necesite.

3 Trocee finamente las espinacas, las cebollas, el ajo y el perejil con un cuchillo, una batidora o un procesador de alimentos. Reserve.

4 Derrita la mantequilla en una olla pequeña a fuego medio, añada la harina y revuelva 2 min. No deje que se dore. Agregue poco a poco el líquido de las ostras hasta formar una pasta suave. Luego, añada la mezcla de espinacas, las anchoas y la pimienta de Cayena, y salpimiente al gusto (recuerde que las anchoas son saladas). Tape y deje hervir a fuego lento 15 min.

5 Entre tanto, precaliente el horno a 200 °C. Ponga una capa de sal marina gruesa en los platos de servir, llévelos al horno y caliéntelos brevemente.

6 Destape la olla y agregue el Pernod. Pruebe la salsa y rectifique el condimento si hace falta. Retire los platos con la sal del horno y coloque 6 ostras con su concha en cada uno (la sal evita que las ostras se cocinen). Vierta la salsa sobre las ostras y hornéelas 5–10 min, o hasta que la salsa se vea cocinada. Sirva enseguida.

Para 4

Prep. 15 min • cocinar 30 min

Cuchillo para ostras • 4 platos refractarios

Alioli exprés

Salsa rápida basada en el alioli clásico de ajo y aceite

INGREDIENTES

2 cdas. de vinagre de vino blanco
1 huevo
2 yemas de huevo
1 cda. de mostaza de Dijon
1 cda. de azúcar morena
sal y pimienta negra recién molida
300 ml de aceite de girasol
3 dientes de ajo triturados
2 cdas. de jugo de limón

PREPARACIÓN

1 Ponga el vinagre, el huevo, las yemas, la mostaza y el azúcar en un procesador de alimentos. Salpimiente al gusto y bata hasta que se mezcle bien. Con el motor en marcha, agregue el aceite en un chorrito continuo.

2 Cuando la salsa esté espesa y cremosa, agregue los ajos triturados y jugo de limón. Bata hasta que quede suave.

Para 450 ml

Prep. 10 min

Procesador de alimentos

Salsa tártara

Esta clásica variación picante de la mayonesa suele servirse con pescado

INGREDIENTES

300 g de mayonesa
2 cdas. de alcaparras bien picadas
6 pepinillos bien picados
1 cebolla chalote bien picada
2 cdas. de perejil bien picado
2 cdas. de estragón bien picado
jugo de ½ limón
sal y pimienta negra recién molida

PREPARACIÓN

1 Ponga los ingredientes en un bol y revuelva. Salpimiente al gusto.

2 Deje reposar al menos 20 min antes de servir para que los sabores se desarrollen.

Para 350 ml

**Prep. 10 min,
más reposo**

Beurre blanc

Esta clásica salsa francesa es muy fácil de hacer

INGREDIENTES

200 ml de vino blanco seco
1 cebolla chalote bien picada
1 cda. de hojas de perejil picadas
1 hoja de laurel
4 granos de pimienta negra
175 g de mantequilla sin sal en trozos
sal y pimienta negra recién molida

PREPARACIÓN

1 Ponga el vino, la cebolla, el perejil, el laurel y la pimienta en una olla pequeña. Lleve a ebullición y cocine a fuego lento durante 4–5 min, o hasta que se reduzca a la mitad. Retire del fuego.

2 Escurra el caldo restante en un cedazo colocado encima de un bol refractario. Luego, ponga el bol sobre una olla con agua hirviendo a fuego lento. Sin dejar de batir, añada los trozos de mantequilla de uno en uno. Cuando la salsa emulsione, estará lista para servir.

Para 250 ml

Prep. 5 min
• cocinar 10 min

Salsa verde

Esta potente salsa italiana a base de finas hierbas resulta muy versátil

INGREDIENTES

6 cebollas largas bien picadas
1 diente de ajo triturado
3 cdas. de alcaparras picadas
4 anchoas picadas
3 cdas. de hojas de perejil picadas
2 cdas. de albahaca picada
2 cdas. de menta picada
2 cdtas. de mostaza de Dijon
2 cdas. de vinagre de jerez
8 cdas. de aceite de oliva extra virgen
sal y pimienta negra recién molida

PREPARACIÓN

1 Ponga las cebollas, el ajo, las alcaparras y las anchoas en un bol. Luego, agregue el perejil, la albahaca y la menta.

2 Con un tenedor, mezcle la mostaza y luego el vinagre. Incorpore el aceite de oliva, poco a poco y sin dejar de batir.

3 Salpimiente al gusto. Pásela al bol que vaya a poner en la mesa.
Sirva a temperatura ambiente. Excelente con pescados a la parrilla.

Para 350 ml

Prep. 15 min

Chimichurri

Salsa picante argentina, excelente para aderezar carne asada
o salmón a la brasa

INGREDIENTES

6 dientes de ajo
175 g de perejil sin tallos largos
6 cdas. de aceite de oliva extra virgen
2 cdas. de vinagre balsámico de vino blanco
   o vinagre de vino blanco
1 cda. de orégano picado
¼ de cdta. de ají seco en hojuelas
sal y pimienta negra recién molida

PREPARACIÓN

1 Ponga todos los ingredientes con 2 cdas. de agua fría en un procesador
de alimentos o una batidora y tritúrelos hasta que quede una pasta suave.

2 Salpimiente al gusto y manténgala tapada hasta que la necesite. Antes de servir,
añada un poco más de aceite y agua, y bátala para darle una consistencia más fina.

Para 250 ml

Prep. 5 min

**Procesador de
alimentos
o batidora**

Bechamel

Elaborada a partir de un clásico *roux*, esta salsa combina bien con langostinos, salmón o pastel de pescado

INGREDIENTES

300 ml de leche
1 cebolla blanca en rodajas
1 hoja de laurel
2–3 ramitas de perejil
6 granos de pimienta negra
60 g de mantequilla
60 g de harina
una pizca de nuez moscada
sal y pimienta blanca molida

PREPARACIÓN

1 Ponga leche en una cacerola y agregue la cebolla, el laurel, el perejil y los granos de pimienta. Llévela a ebullición lentamente. Retírela del fuego, déjela reposar durante 20 min para que incorpore los aromas y cuélela.

2 Derrita la mantequilla a fuego lento en otra cacerola, añada la harina y revuélvala 1–2 min para obtener una masa espesa. Retírela del fuego.

3 Agregue la leche poco a poco, revolviendo constantemente. Vuelva a poner la cacerola a fuego bajo, sin dejar de revolver, hasta que la salsa quede suave y espesa. Déjela cocer a fuego lento 1–2 min. Agregue una pizca de nuez moscada y salpimiente.

Para 300 ml

**Prep. 5 min,
más reposo
• cocinar 5 min**

**Congelar hasta
seis meses**

Rouille

Una rica salsa provenzal que suele servirse con sopas de pescado

INGREDIENTES

¼ de cdta. de hebras de azafrán
2 cdas. de vinagre de vino blanco
1 huevo
2 yemas de huevo
1 cda. de mostaza de Dijon
1 cda. de azúcar morena
4 dientes de ajo picados
una pizca de pimienta de Cayena
sal y pimienta negra recién molida
300 ml de aceite de girasol

PREPARACIÓN

1 Ponga el azafrán en remojo en un bol pequeño con 2 cdas. de agua
caliente durante unos 5 min.

2 Ponga el azafrán y el agua en un procesador de alimentos con el vinagre, el huevo,
las yemas, la mostaza, el azúcar, el ajo, la pimienta de Cayena y ½ cdta. de sal y pimienta
negra. Bata bien y, sin parar el motor, añada el aceite muy despacio hasta obtener
una salsa espesa y cremosa. Guárdela en el refrigerador.

Para 450 ml

**Prep. 10 min,
más reposo**

**Procesador de
alimentos**

GLOSARIO
TÉRMINOS Y EQUIVALENCIAS

Ajonjolí: sésamo.

Ají: chile.

Arveja: alverja, chícharo, guisante.

Cebolla blanca: cebolla dulce, cebolla cabezona, cebolla perla.

Cebolla chalote: escalonia, cebolla ocañera, chalota, cebolla paiteña.

Cebollino chino: cebolla china.

Cebolla larga: cebolleta, cebolla puerro, cebolla verde, cebolla de verdeo.

Crema agria: *sour cream.* Cuando no se consigue fácilmente a nivel local, puede prepararse mezclando una cucharada de jugo de limón con 200 g de crema de leche.

Habichuelas: vainitas, ejotes, porotos verdes, frijoles verdes, judías verdes.

Parrilla: parrillas eléctricas o que se ponen sobre el fogón para dorar o marcar los alimentos.

Papel sulfurizado: papel de horno, papel vegetal.

Pernod: marca de un anís francés. Es la más antigua del país y pertenece a la empresa Pernod.

Pimiento: pimentón, morrón, ají dulce, chile dulce, locote.

Rebozar: técnica que consiste en cubrir un alimento con harina y huevo batido antes de freír.

Rúgula: rúcula, arúgula.

Salsa inglesa: salsa Worcestershire.

Tocineta: panceta, tocino.

Vieiras: *scallops,* conchas de abanico.

ÍNDICE

Los ítems en cursiva indican técnicas

A

abadejo
Abadejo Mornay 24
Pastel del pescador 34
ají
Brochetas de pez espada con
salsa de rúgula 40
Chimichurri 88
Gambas a la diabla 68
Langostinos con ají y queso 64
Lubina oriental al vapor 58
Marinada de lima y ají 17
Mejillones con tomate y ají 76
Pastelitos de cangrejo tailandeses
alcaparras
Guiso de mariscos con tomate 22
Raya con *beurre noisette* 30
Salsa tártara 82
Salsa verde 86
Alioli exprés 80
almendras: Trucha al horno con
almendras 28
anchoas
Atún a la plancha con
pepino e hinojo 60
Guiso de mariscos con tomate 22
Ostras Rockefeller 78
Salsa verde 86
apio
Conchas de vieira gratinadas 74
Guiso de mariscos con tomate 22
Mejillones con tomate y ají 76
arroz: Sardinas en hojas de parra 46
atún
Atún a la plancha con pepino e
hinojo 60
Marmitako 56

B

bacalao
Bacalao a la cazuela 52
Bacalao con salsa de tomate 44
Bacalao rebozado con papas
fritas 20
Bechamel 90
tocineta
Platija al horno con tocineta 36

Rape con mejillones y tocineta 50
berros: Salmón en hojaldre 42
Beurre blanc 84
Bogavante Thermidor 66
Brochetas de pez espada con salsa de
rúgula 40

C

Caballa con ensalada
de pepino 48
Calamares fritos con páprika picante 72
cangrejo
*cangrejo, cómo extraer la carne
de* 10–11
Pastelitos de cangrejo
tailandeses 32
champiñones: Conchas de vieira
gratinadas 74
Chimichurri 88
coco: Guiso de pescado y coco 26
Conchas de vieira gratinadas 74

E

espinacas
Abadejo Mornay 24
Ostras Rockefeller 78

G

Gambas a la diabla 68
gambas/langostinos
Gambas a la diabla 68
Guiso de mariscos con tomate 22
*langostinos, cómo pelar y
desvenar* 13
Langostinos con ají y queso 64
Pastel del pescador 34
arvejas: Marmitako 56
Guiso de mariscos con tomate 22
Guiso de pescado y coco 26

H

habichuelas: Pastelitos de cangrejo
tailandeses 32
hinojo
Atún a la plancha con pepino e
hinojo 60
Pez espada al horno con finas
hierbas 62

L

Langostinos con ají y queso 64
limas
Langostinos con ají y queso 64
Lubina oriental al vapor 58
Marinada de lima y cilantro 17
Marinada de lima y ají 17
Pastelitos de cangrejo tailandeses 32
limones
Marinada de limón 17
Sardinas al horno al estilo
mediterráneo 18
lubina: Lubina oriental al vapor 58

M

marinadas
Marinada de lima y cilantro 17
Marinada de lima y ají 17
Marinada de limón 17
marinar pescado 16
Marmitako 56
mejillones
mejillones, cómo preparar 12
Mejillones a la marinera 70
Mejillones con tomate y ají 76
Mejillones a la marinera 70

O

ostras
ostras, cómo abrir 13
Ostras Rockefeller 78

P

papas
Bacalao a la cazuela 52
Bacalao rebozado con papas
fritas 20
Conchas de vieira gratinadas 74
Marmitako 56
Pastel del pescador 34
Pastel del pescador 34
Pastelitos de cangrejo tailandeses 32
pepino
Atún a la plancha con pepino e
hinojo 60
Caballa con ensalada de pepino 48
Salmón al horno con salsa de
pepino al eneldo 38

pescado
   cocinar a la parrilla 15
   cocinar al vapor 14
   cocinar en papillote 14
   cocinar pescado frito 15
   escamar y cortar las aletas 8
   eviscerar el pescado 6–7
   filetear y quitar la piel 8
   quitar la espina 9
   marinar pescado 16–17
pez espada
   Brochetas de pez espada con salsa de rúgula 40
   Pez espada al horno con finas hierbas 62
pimientos
   Brochetas de pez espada con salsa de rúgula 40
   Caballa con ensalada de pepino 48
   Gambas a la diabla 68
   Guiso de pescado y coco 26
   Marmitako 56
platija: Platija al horno con tocineta 36
puerros: Bacalao a la cazuela 52

Q
queso
   Abadejo Mornay 24

Bogavante Thermidor 66
Conchas de vieira gratinadas 74
Langostinos con ají y queso 64
Salmón en hojaldre 42

R
rape
   Guiso de mariscos con tomate 22
   Rape con mejillones y tocineta 50
Raya con *beurre noisette* 30
Rouille 92
rúgula: Brochetas de pez espada con salsa de rúgula 40

S
salmón
   Salmón al horno con salsa de pepino al eneldo 38
   Salmón en hojaldre 42
   Salmón en *papillote* 54
salsas
   Alioli exprés 80
   Bechamel 90
   Beurre blanc 84
   Chimichurri 88
   Rouille 92
   Salsa tártara 82
   Salsa verde 86

sardinas
   Sardinas al horno al estilo mediterráneo 18
   Sardinas en hojas de parra 46

T
tomates
   Bacalao a la cazuela 52
   Bacalao con salsa de tomate 44
   Gambas a la diabla 68
   Guiso de marisco con tomate 22
   Guiso de pescado y coco 26
   Marmitako 56
   Mejillones con tomate y ají 76
   Pez espada al horno con finas hierbas 62
   Rape con mejillones y tocineta 50
   Salmón en papillote 54
trucha: Trucha al horno con almendras 28

V
vieiras
   Conchas de vieira gratinadas 74
   Guiso de mariscos con tomate 22
   vieiras, cómo abrir 12

Londres, Nueva York, Melbourne, Munich y Nueva Delhi

Diseño Elma Aquino

Auxiliar de edición Shashwati Tia Sarkar

Diseño de cubierta Nicola Powling

Producción Jennifer Murray

Índice analítico Marie Lorimer

DK INDIA

Consultoría editorial Dipali Singh

Diseño Neha Ahuja

Diseño de maqueta Tarun Sharma

Coordinación de maquetación Sunil Sharma

Coordinación de publicaciones Aparna Sharma

Material publicado originalmente en Reino Unido en *The Cooking Book* (2008) y en *Cook Express* (2009) por Dorling Kindersley Limited 80 Strand, Londres WC2R 0RL

Copyright © 2008, 2009 Dorling Kindersley
© Traducción en español Dorling Kindersley 2011

ISBN: 978-0-1424-2484-1

Impreso y encuadernado en South China Printing Co. Ltd, China

Descubre más en
www.dk-es.com